# 컬러 60 구절

## 주제별 성경암송

개역개정판

TO KNOW CHRIST AND TO MAKE HIM KNOWN

네비게이토 출판사

# 한눈에 보는 주제별 성경암송 60구절

## A. 새로운 삶

| | | |
|---|---|---|
| 중심되신 그리스도 | 고후 5:17 | 갈 2:20 |
| 그리스도께 순종 | 롬 12:1 | 요 14:21 |
| 말 씀 | 딤후 3:16 | 수 1:8 |
| 기 도 | 요 15:7 | 빌 4:6-7 |
| 교 제 | 마 18:20 | 히 10:24-25 |
| 증 거 | 마 4:19 | 롬 1:16 |

## B. 그리스도를 전파함

| | | |
|---|---|---|
| 모든 사람이 죄를 범함 | 롬 3:23 | 사 53:6 |
| 죄의 형벌 | 롬 6:23 | 히 9:27 |
| 그리스도가 형벌을 받음 | 롬 5:8 | 벧전 3:18 |
| 선행으로 구원받지 못함 | 엡 2:8-9 | 딛 3:5 |
| 그리스도를 모셔야 함 | 요 1:12 | 계 3:20 |
| 구원의 확신 | 요일 5:13 | 요 5:24 |

## C. 하나님을 의뢰함

| | | |
|---|---|---|
| 성 령 | 고전 3:16 | 고전 2:12 |
| 능 력 | 사 41:10 | 빌 4:13 |
| 성 실 | 애 3:22-23 | 민 23:19 |
| 평 안 | 사 26:3 | 벧전 5:7 |
| 공 급 | 롬 8:32 | 빌 4:19 |
| 유혹에서 도우심 | 히 2:18 | 시 119:9,11 |

## D. 그리스도 제자의 자격

| | | |
|---|---|---|
| 그리스도를 첫자리에 모심 | 마 6:33 | 눅 9:23 |
| 죄에서 떠남 | 요일 2:15-16 | 롬 12:2 |
| 견고함 | 고전 15:58 | 히 12:3 |
| 다른 사람을 섬김 | 막 10:45 | 고후 4:5 |
| 후히 드릴 것 | 잠 3:9-10 | 고후 9:6-7 |
| 세계 비전 | 행 1:8 | 마 28:19-20 |

## E. 그리스도를 닮아 감

| | | |
|---|---|---|
| 사 랑 | 요 13:34-35 | 요일 3:18 |
| 겸 손 | 빌 2:3-4 | 벧전 5:5-6 |
| 순 결 | 엡 5:3 | 벧전 2:11 |
| 정 직 | 레 19:11 | 행 24:16 |
| 믿 음 | 히 11:6 | 롬 4:20-21 |
| 선 행 | 갈 6:9-10 | 마 5:16 |

# 중심되신 그리스도

고린도후서 5:17
그런즉 누구든지 그리스도 안에 있으면 새로운 피조물이라. 이전 것은 지나갔으니, 보라 새것이 되었도다.

고린도후서 5:17

A-1 새로운 삶

## Christ the Center

NIV

2 Corinthians 5:17

Therefore, if anyone is in Christ, he is a new creation; the old has gone, the new has come!

2 Corinthians 5:17

A-1 Live the New Life

# 중심되신 그리스도

갈라디아서 2:20

내가 그리스도와 함께 십자가에 못 박혔나니, 그런즉 이제는 내가 사는 것이 아니요 오직 내 안에 그리스도께서 사시는 것이라. 이제 내가 육체 가운데 사는 것은 나를 사랑하사 나를 위하여 자기 자신을 버리신 하나님의 아들을 믿는 믿음 안에서 사는 것이라.

갈라디아서 2:20

A-2 새로운 삶

## Christ the Center

NIV

Galatians 2:20

I have been crucified with Christ and I no longer live, but Christ lives in me. The life I live in the body, I live by faith in the Son of God, who loved me and gave Himself for me.

Galatians 2:20

## 그리스도께 순종

로마서 12:1

그러므로 형제들아, 내가 하나님의 모든 자비하심으로 너희를 권하노니, 너희 몸을 하나님이 기뻐하시는 거룩한 산 제물로 드리라. 이는 너희가 드릴 영적 예배니라.

로마서 12:1

A-3 새로운 삶

# Obedience to Christ

NIV

Romans 12:1

Therefore, I urge you, brothers, in view of God's mercy, to offer your bodies as living sacrifices, holy and pleasing to God – this is your spiritual act of worship.

Romans 12:1

## 그리스도께 순종

요한복음 14:21

나의 계명을 지키는 자라야 나를 사랑하는 자니, 나를 사랑하는 자는 내 아버지께 사랑을 받을 것이요 나도 그를 사랑하여 그에게 나를 나타내리라.

요한복음 14:21

# Obedience to Christ

NIV

John 14:21

Whoever has My commands and obeys them, he is the one who loves Me. He who loves Me will be loved by My Father, and I too will love him and show Myself to him.

John 14:21

## 말 씀

디모데후서 3:16

모든 성경은 하나님의 감동으로 된 것으로, 교훈과 책망과 바르게 함과 의로 교육하기에 유익하니.

디모데후서 3:16

A-5 새로운 삶

## The Word

NIV

2 Timothy 3:16

All Scripture is God-breathed and is useful for teaching, rebuking, correcting and training in righteousness.

2 Timothy 3:16

# 말 씀

여호수아 1:8

이 율법책을 네 입에서 떠나지 말게 하며 주야로 그것을 묵상하여 그 안에 기록된 대로 다 지켜 행하라. 그리하면 네 길이 평탄하게 될 것이며 네가 형통하리라.

여호수아 1:8

A-6 새로운 삶

## The Word

NIV

Joshua 1:8

Do not let this Book of the Law depart from your mouth; meditate on it day and night, so that you may be careful to do everything written in it. Then you will be prosperous and successful.

Joshua 1:8

# 기 도

요한복음 15:7

너희가 내 안에 거하고 내 말이 너희 안에 거하면 무엇이든지 원하는 대로 구하라. 그리하면 이루리라.

요한복음 15:7

## Prayer

NIV

John 15:7

If you remain in Me and My words remain in you, ask whatever you wish, and it will be given you.

John 15:7

A-7 Live the New Life

# 기 도

빌립보서 4:6-7

아무것도 염려하지 말고 다만 모든 일에 기도와 간구로 너희 구할 것을 감사함으로 하나님께 아뢰라. 그리하면 모든 지각에 뛰어난 하나님의 평강이 그리스도 예수 안에서 너희 마음과 생각을 지키시리라.

빌립보서 4:6-7

## Prayer

NIV

Philippians 4:6-7

Do not be anxious about anything, but in everything, by prayer and petition, with thanksgiving, present your requests to God. And the peace of God, which transcends all understanding, will guard your hearts and your minds in Christ Jesus.

Philippians 4:6-7

## 교 제

마태복음 18:20

두세 사람이 내 이름으로 모인 곳에는 나도 그들 중에 있느니라.

마태복음 18:20

## Fellowship

NIV

Matthew 18:20

For where two or three come together in My name, there am I with them.

Matthew 18:20

## 교 제

히브리서 10:24-25
서로 돌아보아 사랑과 선행을 격려하며, 모이기를 폐하는 어떤 사람들의 습관과 같이 하지 말고, 오직 권하여 그날이 가까움을 볼수록 더욱 그리하자.

히브리서 10:24-25

A-10 새로운 삶

## Fellowship

NIV

Hebrews 10:24-25

And let us consider how we may spur one another on toward love and good deeds. Let us not give up meeting together, as some are in the habit of doing, but let us encourage one another – and all the more as you see the Day approaching. Hebrews 10:24-25

## 증 거

마태복음 4:19

말씀하시되, 나를 따라오라 내가 너희를 사람을 낚는 어부가 되게 하리라 하시니.

마태복음 4:19

A-11 새로운 삶

## Witnessing

NIV

Matthew 4:19

"Come, follow Me," Jesus said, "and I will make you fishers of men."

Matthew 4:19

# 증 거

로마서 1:16

내가 복음을 부끄러워하지 아니하노니, 이 복음은 모든 믿는 자에게 구원을 주시는 하나님의 능력이 됨이라. 먼저는 유대인에게요 그리고 헬라인에게로다.

로마서 1:16

A-12 새로운 삶

## Witnessing

NIV

Romans 1:16

I am not ashamed of the gospel, because it is the power of God for the salvation of everyone who believes: first for the Jew, then for the Gentile.

Romans 1:16

A-12 Live the New Life

# 모든 사람이 죄를 범함

로마서 3:23
모든 사람이 죄를 범하였으매 하나님의 영광에 이르지 못하더니.

로마서 3:23

B-1 그리스도를 전파함

## All Have Sinned

NIV

Romans 3:23

For all have sinned and fall short of the glory of God.

Romans 3:23

B-1 Proclaim Christ

# 모든 사람이 죄를 범함

이사야 53:6

우리는 다 양 같아서 그릇 행하여 각기 제 길로 갔거늘, 여호와께서는 우리 모두의 죄악을 그에게 담당시키셨도다.

이사야 53:6

B-2 그리스도를 전파함

## All Have Sinned

NIV

Isaiah 53:6

We all, like sheep, have gone astray, each of us has turned to his own way; and the Lord has laid on Him the iniquity of us all.

Isaiah 53:6

B-2 Proclaim Christ

## 죄의 형벌

로마서 6:23
죄의 삯은 사망이요, 하나님의 은사는 그리스도 예수 우리 주 안에 있는 영생이니라.

로마서 6:23

B-3 그리스도를 전파함

## Sin's Penalty

NIV

Romans 6:23

For the wages of sin is death, but the gift of God is eternal life in Christ Jesus our Lord.

Romans 6:23

B-3 Proclaim Christ

# 죄의 형벌

히브리서 9:27

한 번 죽는 것은 사람에게 정해진 것이요, 그 후에는 심판이 있으리니.

히브리서 9:27

B-4 그리스도를 전파함

## Sin's Penalty

NIV

Hebrews 9:27

Just as man is destined to die once, and after that to face judgment.

Hebrews 9:27

B-4 Proclaim Christ

# 그리스도가 형벌을 받음

로마서 5:8

우리가 아직 죄인 되었을 때에 그리스도께서 우리를 위하여 죽으심으로 하나님께서 우리에 대한 자기의 사랑을 확증하셨느니라.

로마서 5:8

B-5 그리스도를 전파함

## Christ Paid the Penalty NIV

Romans 5:8

But God demonstrates His own love for us in this: While we were still sinners, Christ died for us.

Romans 5:8

B-5 Proclaim Christ

# 그리스도가 형벌을 받음

베드로전서 3:18

그리스도께서도 단번에 죄를 위하여 죽으사 의인으로서 불의한 자를 대신하셨으니, 이는 우리를 하나님 앞으로 인도하려 하심이라. 육체로는 죽임을 당하시고 영으로는 살리심을 받으셨으니.

베드로전서 3:18

B-6 그리스도를 전파함

## Christ Paid the Penalty

NIV

1 Peter 3:18

For Christ died for sins once for all, the righteous for the unrighteous, to bring you to God. He was put to death in the body but made alive by the Spirit.

1 Peter 3:18

B-6 Proclaim Christ

# 선행으로 구원받지 못함

에베소서 2:8-9

너희는 그 은혜에 의하여 믿음으로 말미암아 구원을 받았으니, 이것은 너희에게서 난 것이 아니요 하나님의 선물이라. 행위에서 난 것이 아니니, 이는 누구든지 자랑하지 못하게 함이라.

에베소서 2:8-9

B-7 그리스도를 전파함

## Salvation Not by Works

NIV

Ephesians 2:8-9

For it is by grace you have been saved, through faith – and this not from yourselves, it is the gift of God – not by works, so that no one can boast.

Ephesians 2:8-9

## 선행으로 구원받지 못함

디도서 3:5

우리를 구원하시되 우리가 행한바 의로운 행위로 말미암지 아니하고, 오직 그의 긍휼하심을 따라 중생의 씻음과 성령의 새롭게 하심으로 하셨나니.

디도서 3:5

B-8 그리스도를 전파함

## Salvation Not by Works

NIV

Titus 3:5

He saved us, not because of righteous things we had done, but because of His mercy. He saved us through the washing of rebirth and renewal by the Holy Spirit.

Titus 3:5

## 그리스도를 모셔야 함

요한복음 1:12

영접하는 자 곧 그 이름을 믿는 자들에게는 하나님의 자녀가 되는 권세를 주셨으니.

요한복음 1:12

## Must Receive Christ

NIV

John 1:12

Yet to all who received Him, to those who believed in His name, He gave the right to become children of God.

John 1:12

B-9 Proclaim Christ

## 그리스도를 모셔야 함

요한계시록 3:20

볼지어다. 내가 문밖에 서서 두드리노니, 누구든지 내 음성을 듣고 문을 열면 내가 그에게로 들어가 그와 더불어 먹고 그는 나와 더불어 먹으리라.

요한계시록 3:20

B-10 그리스도를 전파함

## Must Receive Christ

NIV

Revelation 3:20

Here I am! I stand at the door and knock. If anyone hears My voice and opens the door, I will come in and eat with him, and he with Me.

Revelation 3:20

## 구원의 확신

요한일서 5:13

내가 하나님의 아들의 이름을 믿는 너희에게 이 것을 쓰는 것은 너희로 하여금 너희에게 영생이 있음을 알게 하려 함이라

요한일서 5:13

B-11 그리스도를 전파함

## Assurance of Salvation

NIV

1 John 5:13

I write these things to you who believe in the name of the Son of God so that you may know that you have eternal life.

1 John 5:13

B-11 Proclaim Christ

## 구원의 확신

요한복음 5:24
내가 진실로 진실로 너희에게 이르노니, 내 말을 듣고 또 나 보내신 이를 믿는 자는 영생을 얻었고 심판에 이르지 아니하나니 사망에서 생명으로 옮겼느니라.

요한복음 5:24

B-12 그리스도를 전파함

## Assurance of Salvation

NIV

John 5:24

I tell you the truth, whoever hears My word and believes Him who sent Me has eternal life and will not be condemned; he has crossed over from death to life.

John 5:24

B-12 Proclaim Christ

# 성 령

고린도전서 3:16

너희는 너희가 하나님의 성전인 것과 하나님의
성령이 너희 안에 계시는 것을 알지 못하느냐.

고린도전서 3:16

C-1 하나님을 의뢰함

## His Spirit

NIV

1 Corinthians 3:16

Don't you know that you yourselves are God's temple and that God's Spirit lives in you?

1 Corinthians 3:16

# 성 령

고린도전서 2:12

우리가 세상의 영을 받지 아니하고 오직 하나님
으로부터 온 영을 받았으니, 이는 우리로 하여금
하나님께서 우리에게 은혜로 주신 것들을 알게
하려 하심이라.

고린도전서 2:12

C-2 하나님을 의뢰함

## His Spirit

NIV

1 Corinthians 2:12

We have not received the spirit of the world but the Spirit who is from God, that we may understand what God has freely given us.

1 Corinthians 2:12

# 능 력

이사야 41:10

두려워하지 말라. 내가 너와 함께함이라. 놀라지 말라. 나는 네 하나님이 됨이라. 내가 너를 굳세게 하리라. 참으로 너를 도와주리라. 참으로 나의 의로운 오른손으로 너를 붙들리라.

이사야 41:10

C-3 하나님을 의뢰함

## His Strength

NIV

Isaiah 41:10

So do not fear, for I am with you; do not be dismayed, for I am your God. I will strengthen you and help you; I will uphold you with My righteous right hand.

Isaiah 41:10

C-3 Rely on God's Resources

# 능 력

빌립보서 4:13

내게 능력 주시는 자 안에서 내가 모든 것을 할 수 있느니라.

빌립보서 4:13

C-4 하나님을 의뢰함

## His Strength

NIV

Philippians 4:13

I can do everything through Him who gives me strength.

Philippians 4:13

C-4 Rely on God's Resources

# 성 실

예레미야애가 3:22-23

여호와의 인자와 긍휼이 무궁하시므로 우리가 진멸되지 아니함이니이다. 이것들이 아침마다 새로우니 주의 성실하심이 크시도소이다.

예레미야애가 3:22-23

C-5 하나님을 의뢰함

## His Faithfulness

NIV

Lamentations 3:22-23

Because of the Lord's great love we are not consumed, for His compassions never fail. They are new every morning; great is Your faithfulness.

Lamentations 3:22-23

## 성 실

민수기 23:19

하나님은 사람이 아니시니 거짓말을 하지 않으시고 인생이 아니시니 후회가 없으시도다. 어찌 그 말씀하신 바를 행하지 않으시며, 하신 말씀을 실행하지 않으시랴.

민수기 23:19

C-6 하나님을 의뢰함

## His Faithfulness

NIV

Numbers 23:19

God is not a man, that He should lie, nor a son of man, that He should change His mind. Does He speak and then not act? Does He promise and not fulfill?

Numbers 23:19

# 평 안

이사야 26:3

주께서 심지가 견고한 자를 평강하고 평강하도록 지키시리니, 이는 그가 주를 신뢰함이니이다.

이사야 26:3

C-7 하나님을 의뢰함

## His Peace

NIV

Isaiah 26:3

You will keep in perfect peace him whose mind is steadfast, because he trusts in You.

Isaiah 26:3

## 평 안

베드로전서 5:7
너희 염려를 다 주께 맡기라. 이는 그가 너희를
돌보심이라.

베드로전서 5:7

C-8 하나님을 의뢰함

## His Peace

NIV

1 Peter 5:7

Cast all your anxiety on Him because He cares for you.

1 Peter 5:7

C-8 Rely on God's Resources

# 공 급

로마서 8:32

자기 아들을 아끼지 아니하시고 우리 모든 사람을 위하여 내주신 이가 어찌 그 아들과 함께 모든 것을 우리에게 주시지 아니하겠느냐.

로마서 8:32

C-9 하나님을 의뢰함

## His Provision

NIV

Romans 8:32

He who did not spare His own Son, but gave Him up for us all – how will He not also, along with Him, graciously give us all things?

Romans 8:32

C-9 Rely on God's Resources

## 공 급

빌립보서 4:19

나의 하나님이 그리스도 예수 안에서 영광 가운데 그 풍성한 대로 너희 모든 쓸 것을 채우시리라.

빌립보서 4:19

C-10 하나님을 의뢰함

## His Provision

NIV

Philippians 4:19

And my God will meet all your needs according to His glorious riches in Christ Jesus.

Philippians 4:19

C-10 Rely on God's Resources

# 유혹에서 도우심

히브리서 2:18
그가 시험을 받아 고난을 당하셨은즉 시험받는
자들을 능히 도우실 수 있느니라.

히브리서 2:18

C-11 하나님을 의뢰함

## His Help in Temptation

NIV

Hebrews 2:18

Because He Himself suffered when He was tempted, He is able to help those who are being tempted.

Hebrews 2:18

## 유혹에서 도우심

시편 119:9,11

청년이 무엇으로 그의 행실을 깨끗하게 하리이까. 주의 말씀만 지킬 따름이니이다. 내가 주께 범죄하지 아니하려 하여 주의 말씀을 내 마음에 두었나이다.

시편 119:9,11

C-12 하나님을 의뢰함

## His Help in Temptation NIV

Psalm 119:9,11

How can a young man keep his way pure? By living according to Your word, I have hidden Your word in my heart that I might not sin against You.

Psalm 119:9,11

C-12 Rely on God's Resources

## 그리스도를 첫자리에 모심

마태복음 6:33

그런즉 너희는 먼저 그의 나라와 그의 의를 구하라. 그리하면 이 모든 것을 너희에게 더하시리라.

마태복음 6:33

D-1 그리스도 제자의 자격

## Put Christ First

NIV

Matthew 6:33

But seek first His kingdom and His righteousness, and all these things will be given to you as well.

Matthew 6:33

D-1 Be Christ's Disciple

## 그리스도를 첫자리에 모심

누가복음 9:23

또 무리에게 이르시되 아무든지 나를 따라오려
거든 자기를 부인하고 날마다 제 십자가를 지고
나를 따를 것이니라.

누가복음 9:23

D-2 그리스도 제자의 자격

## Put Christ First

NIV

Luke 9:23

Then He said to them all: "If anyone would come after Me, he must deny himself and take up his cross daily and follow Me."

Luke 9:23

D-2 Be Christ's Disciple

## 죄에서 떠남

요한일서 2:15-16

이 세상이나 세상에 있는 것들을 사랑하지 말라. 누구든지 세상을 사랑하면 아버지의 사랑이 그 안에 있지 아니하니, 이는 세상에 있는 모든 것이 육신의 정욕과 안목의 정욕과 이생의 자랑이니, 다 아버지께로부터 온 것이 아니요 세상으로부터 온 것이라.

요한일서 2:15-16

D-3 그리스도 제자의 자격

## Separate from the World

NIV

1 John 2:15-16

Do not love the world or anything in the world. If anyone loves the world, the love of the Father is not in him. For everything in the world – the cravings of sinful man, the lust of his eyes and the boasting of what he has and does – comes not from the Father but from the world. 1 John 2:15-16

D-3 Be Christ's Disciple

## 죄에서 떠남

로마서 12:2

너희는 이 세대를 본받지 말고 오직 마음을 새롭게 함으로 변화를 받아 하나님의 선하시고 기뻐하시고 온전하신 뜻이 무엇인지 분별하도록 하라.

로마서 12:2

D-4 그리스도 제자의 자격

## Separate from the World

NIV

Romans 12:2

Do not conform any longer to the pattern of this world, but be transformed by the renewing of your mind. Then you will be able to test and approve what God's will is – His good, pleasing and perfect will.

Romans 12:2

# 견고함

고린도전서 15:58

그러므로 내 사랑하는 형제들아, 견실하며 흔들리지 말고 항상 주의 일에 더욱 힘쓰는 자들이 되라. 이는 너희 수고가 주 안에서 헛되지 않은 줄 앎이라.

고린도전서 15:58

D-5 그리스도 제자의 자격

## Be Steadfast

NIV

1 Corinthians 15:58

Therefore, my dear brothers, stand firm. Let nothing move you. Always give yourselves fully to the work of the Lord, because you know that your labor in the Lord is not in vain.

1 Corinthians 15:58

## 견고함

히브리서 12:3

너희가 피곤하여 낙심하지 않기 위하여 죄인들이 이같이 자기에게 거역한 일을 참으신 이를 생각하라.

히브리서 12:3

D-6 그리스도 제자의 자격

## Be Steadfast

NIV

Hebrews 12:3

Consider Him who endured such opposition from sinful men, so that you will not grow weary and lose heart.

Hebrews 12:3

# 다른 사람을 섬김

마가복음 10:45

인자가 온 것은 섬김을 받으려 함이 아니라 도리어 섬기려 하고 자기 목숨을 많은 사람의 대속물로 주려 함이니라.

마가복음 10:45

D-7 그리스도 제자의 자격

## Serve Others

NIV

Mark 10:45

For even the Son of Man did not come to be served, but to serve, and to give His life as a ransom for many.

Mark 10:45

D-7 Be Christ's Disciple

## 다른 사람을 섬김

고린도후서 4:5

우리는 우리를 전파하는 것이 아니라 오직 그리스도 예수의 주 되신 것과 또 예수를 위하여 우리가 너희의 종 된 것을 전파함이라.

고린도후서 4:5

D-8 그리스도 제자의 자격

## Serve Others

NIV

2 Corinthians 4:5

For we do not preach ourselves, but Jesus Christ as Lord, and ourselves as your servants for Jesus' sake.

2 Corinthians 4:5

## 후히 드릴 것

잠언 3:9-10

네 재물과 네 소산물의 처음 익은 열매로 여호와를 공경하라. 그리하면 네 창고가 가득히 차고 네 포도즙 틀에 새 포도즙이 넘치리라.

잠언 3:9-10

D-9 그리스도 제자의 자격

## Give Generously

NIV

Proverbs 3:9-10

Honor the Lord with your wealth, with the firstfruits of all your crops; then your barns will be filled to overflowing, and your vats will brim over with new wine.

Proverbs 3:9-10

## 후히 드릴 것

고린도후서 9:6-7

이것이 곧 적게 심는 자는 적게 거두고 많이 심는 자는 많이 거둔다 하는 말이로다. 각각 그 마음에 정한 대로 할 것이요 인색함으로나 억지로 하지 말지니 하나님은 즐겨 내는 자를 사랑하시느니라.

고린도후서 9:6-7

D-10 그리스도 제자의 자격

## Give Generously

NIV

2 Corinthians 9:6-7

Remember this: Whoever sows sparingly will also reap sparingly, and whoever sows generously will also reap generously. Each man should give what he has decided in his heart to give, not reluctantly or under compulsion, for God loves a cheerful giver. 2 Corinthians 9:6-7

## 세계 비전

사도행전 1:8
오직 성령이 너희에게 임하시면 너희가 권능을
받고 예루살렘과 온 유대와 사마리아와 땅 끝까
지 이르러 내 증인이 되리라 하시니라.
사도행전 1:8

D-11 그리스도 제자의 자격

## Develop World Vision

NIV

Acts 1:8

But you will receive power when the Holy Spirit comes on you; and you will be My witnesses in Jerusalem, and in all Judea and Samaria, and to the ends of the earth.

Acts 1:8

## 세계 비전

마태복음 28:19-20

그러므로 너희는 가서 모든 민족을 제자로 삼아 아버지와 아들과 성령의 이름으로 세례를 베풀고, 내가 너희에게 분부한 모든 것을 가르쳐 지키게 하라. 볼지어다. 내가 세상 끝 날까지 너희와 항상 함께 있으리라 하시니라

마태복음 28:19-20

D-12 그리스도 제자의 자격

## Develop World Vision

NIV

Matthew 28:19-20

Therefore go and make disciples of all nations, baptizing them in the name of the Father and of the Son and of the Holy Spirit, and teaching them to obey everything I have commanded you. And surely I am with you always, to the very end of the age.

Matthew 28:19-20

# 사 랑

요한복음 13:34-35

새 계명을 너희에게 주노니 서로 사랑하라. 내가 너희를 사랑한 것같이 너희도 서로 사랑하라. 너희가 서로 사랑하면 이로써 모든 사람이 너희가 내 제자인 줄 알리라.

요한복음 13:34-35

E-1 그리스도를 닮아 감

## Love

NIV

John 13:34-35

A new command I give you: Love one another. As I have loved you, so you must love one another. By this all men will know that you are My disciples if you love one another.

John 13:34-35

E-1 Grow in Christlikeness

## 사 랑

요한일서 3:18

자녀들아, 우리가 말과 혀로만 사랑하지 말고 행함과 진실함으로 하자.

요한일서 3:18

E-2 그리스도를 닮아 감

## Love

NIV

1 John 3:18

Dear children, let us not love with words or tongue but with actions and in truth.

1 John 3:18

# 겸 손

빌립보서 2:3-4
아무 일에든지 다툼이나 허영으로 하지 말고 오직 겸손한 마음으로 각각 자기보다 남을 낫게 여기고, 각각 자기 일을 돌볼 뿐더러 또한 각각 다른 사람들의 일을 돌보아 나의 기쁨을 충만하게 하라.

빌립보서 2:3-4

E-3 그리스도를 닮아 감

## Humility

NIV

Philippians 2:3-4

Do nothing out of selfish ambition or vain conceit, but in humility consider others better than yourselves. Each of you should look not only to your own interests, but also to the interests of others.

Philippians 2:3-4

E-3 Grow in Christlikeness

# 겸 손

베드로전서 5:5-6

젊은 자들아, 이와 같이 장로들에게 순종하고 다 서로 겸손으로 허리를 동이라. 하나님은 교만한 자를 대적하시되 겸손한 자들에게는 은혜를 주시느니라. 그러므로 하나님의 능하신 손 아래에서 겸손하라. 때가 되면 너희를 높이시리라.

베드로전서 5:5-6

## Humility

NIV

1 Peter 5:5-6

Young men, in the same way be submissive to those who are older. All of you, clothe yourselves with humility toward one another, because, "God opposes the proud but gives grace to the humble." Humble yourselves, therefore, under God's mighty hand, that He may lift you up in due time.

1 Peter 5:5-6

E-4 Grow in Christlikeness

## 순 결

에베소서 5:3

음행과 온갖 더러운 것과 탐욕은 너희 중에서 그 이름조차도 부르지 말라. 이는 성도에게 마땅한 바니라.

에베소서 5:3

E-5 그리스도를 닮아 감

## Purity

NIV

Ephesians 5:3

But among you there must not be even a hint of sexual immorality, or of any kind of impurity, or of greed, because these are improper for God's holy people.

Ephesians 5:3

# 순 결

베드로전서 2:11

사랑하는 자들아, 거류민과 나그네 같은 너희를 권하노니 영혼을 거슬러 싸우는 육체의 정욕을 제어하라.

베드로전서 2:11

E-6 그리스도를 닮아 감

## Purity

NIV

1 Peter 2:11

Dear friends, I urge you, as aliens and strangers in the world, to abstain from sinful desires, which war against your soul.

1 Peter 2:11

E-6 Grow in Christlikeness

# 정 직

레위기 19:11
너희는 도둑질하지 말며, 속이지 말며, 서로 거짓말하지 말며.

레위기 19:11

E-7 그리스도를 닮아 감

## Honesty

NIV

Leviticus 19:11

Do not steal. Do not lie. Do not deceive one another.

Leviticus 19:11

# 정 직

사도행전 24:16

이것으로 말미암아 나도 하나님과 사람에 대하여 항상 양심에 거리낌이 없기를 힘쓰나이다.

사도행전 24:16

E-8 그리스도를 닮아 감

## Honesty

NIV

Acts 24:16

So I strive always to keep my conscience clear before God and man.

Acts 24:16

E-8 Grow in Christlikeness

# 믿 음

히브리서 11:6

믿음이 없이는 하나님을 기쁘시게 하지 못하나니, 하나님께 나아가는 자는 반드시 그가 계신 것과 또한 그가 자기를 찾는 자들에게 상 주시는 이심을 믿어야 할지니라.

히브리서 11:6

E-9 그리스도를 닮아 감

## Faith

NIV

Hebrews 11:6

And without faith it is impossible to please God, because anyone who comes to Him must believe that He exists and that He rewards those who earnestly seek Him.

Hebrews 11:6

# 믿 음

로마서 4:20-21

믿음이 없어 하나님의 약속을 의심하지 않고, 믿음으로 견고하여져서 하나님께 영광을 돌리며, 약속하신 그것을 또한 능히 이루실 줄을 확신하였으니.

로마서 4:20-21

E-10 그리스도를 닮아 감

## Faith

NIV

Romans 4:20-21

Yet he did not waver through unbelief regarding the promise of God, but was strengthened in his faith and gave glory to God, being fully persuaded that God had power to do what He had promised.

Romans 4:20-21

E-10 Grow in Christlikeness

# 선 행

갈라디아서 6:9-10

우리가 선을 행하되 낙심하지 말지니 포기하지 아니하면 때가 이르매 거두리라. 그러므로 우리는 기회 있는 대로 모든 이에게 착한 일을 하되 더욱 믿음의 가정들에게 할지니라.

갈라디아서 6:9-10

E-11 그리스도를 닮아 감

## Good Works

NIV

Galatians 6:9-10

Let us not become weary in doing good, for at the proper time we will reap a harvest if we do not give up. Therefore, as we have opportunity, let us do good to all people, especially to those who belong to the family of believers.

Galatians 6:9-10

# 선 행

마태복음 5:16

이같이 너희 빛이 사람 앞에 비치게 하여 그들로 너희 착한 행실을 보고 하늘에 계신 너희 아버지께 영광을 돌리게 하라.

마태복음 5:16

E-12 그리스도를 닮아 감

## Good Works

NIV

Matthew 5:16

In the same way, let your light shine before men, that they may see your good deeds and praise your Father in heaven.

Matthew 5:16

효과적인 암송을 위하여 암송 안내서(네비게이토 소책자 시리즈 25번-27번)와 암송 지갑 및 복습 카드를 활용하시기 바랍니다.

암송 안내서에는 60구절에 대한 설명과 함께 효과적인 암송 방법들이 자세히 설명되어 있습니다.

# 주제별 성경암송 시리즈

60구절 다음 과정은 DEP 242구절과 주제별 성경암송 5시리즈(180구절)입니다.

지속적인 성경암송을 위하여 성경 구절 기록용 빈 카드(OYO 카드)가 마련되어 있습니다.

네비게이토 출판사 
Tel:(02)334-3305, http://navpress.co.kr
Printed in Korea 값 6,000원

9 788937 505522
ISBN 978-89-375-0552-2